Impressum
Verlag: BABADADA GmbH, Nedderfeld 112 , 22529 Hamburg
Geschäftsführer / Verlagsleitung: Harald Hof
Druck: Books on Demand GmbH, In de Tarpen 42, 22848 Norderstedt

Imprint
Publisher: BABADADA GmbH, Nedderfeld 112 , 22529 Hamburg, Germany
Managing Director / Publishing direction: Harald Hof
Print: Books on Demand GmbH, In de Tarpen 42, 22848 Norderstedt

escuela

school

salón de clases
classroom

dividir
divide

186/2

pizarrón
board

patio
school yard

maestro
teacher

pap
paper

escribir
write

bolígrafo
pen

escritorio
desk

regla
ruler

libro
book

alumno
pupil

mochila
satchel

caja de lápices
pencil case

lápiz
pencil

sacapuntas
pencil sharpener

goma de borrar
rubber

bloc de dibujo
drawing pad

dibujo

drawing

pincel

paintbrush

caja de lápices de color

paint box

tijeras

scissors

pegamento

glue

libro de ejercicios

exercise book

tarea

homework

número

number

sumar

add

restar

subtract

multiplicar

multiply

calcular

calculate

letra

letter

alfabeto

alphabet

palabra

word

texto

text

leer

read

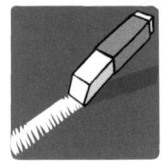

tiza

chalk

lección

lesson

cuaderno de clase

register

examen

examination

certificado

certificate

uniforme

school uniform

educación

education

enciclopedia

encyclopedia

universidad

university

microscopio

microscope

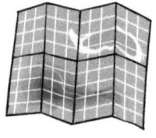

mapa

map

bote de basura

waste-paper basket

escuela - school

viaje
travel

hotel
hotel
Grand
hostel
hostel
ROOMS
EXCHANGE
casa de cambio
currency exchange office
maleta
suitcase
carro
car

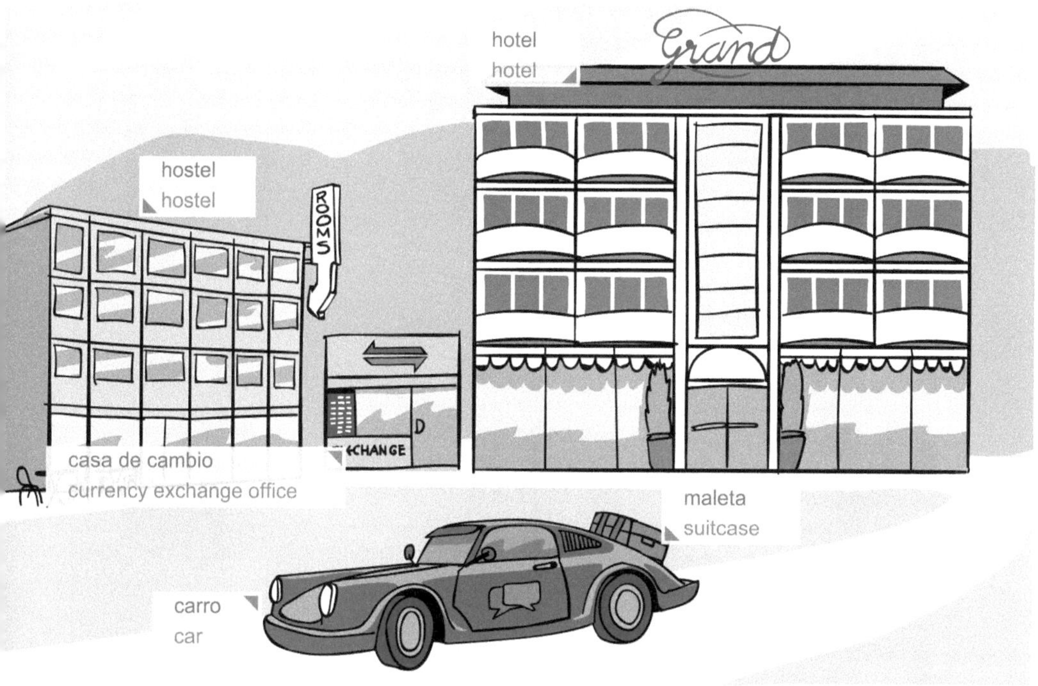

idioma

language

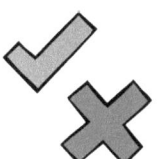

sí / no

yes / no

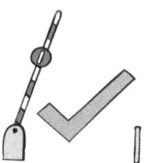

Órale

Okay

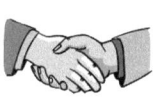

hola

hello

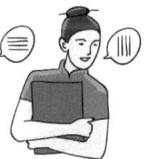

traductor

translator

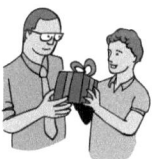

Gracias

Thank you

¿cuánto cuesta…?

how much is…?

No entiendo

I don´t get it

problema

problem

¡Buenas tardes!

Good evening!

¡Buenos días!

Good morning!

¡Buenas noches!

Good night!

adiós

goodbye

dirección

direction

equipaje

luggage

bolsa

bag

mochila

backpack

invitado

guest

recámara

room

bolsa de dormir

sleeping bag

tienda de campaña

tent

información turística

tourist information

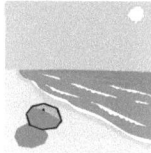

playa

beach

tarjeta de crédito

credit card

desayuno

breakfast

almuerzo

lunch

cena

dinner

billete

Ticket

ascensor

elevator

sello

stamp

frontera

border

aduana

customs

embajada

embassy

visa

visa

pasaporte

passport

transporte
transport

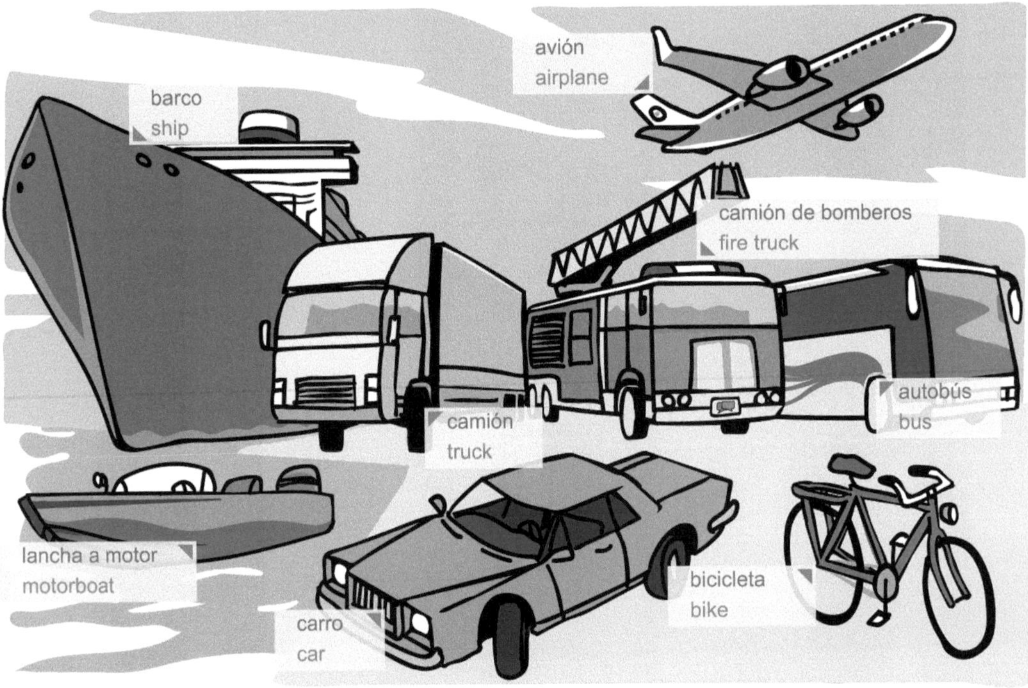
avión
airplane
barco
ship
camión de bomberos
fire truck
autobús
bus
camión
truck
lancha a motor
motorboat
bicicleta
bike
carro
car

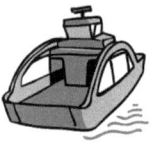

ferry

ferry

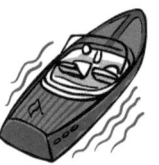

bote

boat

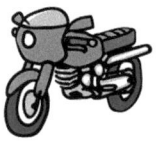

motocicleta

motorbike

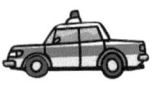

patrulla

police car

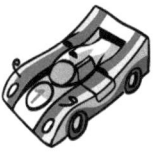

coche de carreras

racing car

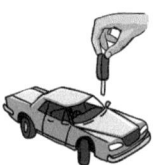

auto para rentar

rental car

renta de autos

car sharing

grúa

tow truck

camión recolector de basura

garbage truck

motor

engine

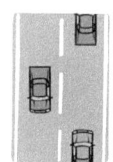

gasolina

fuel

gasolinera

fuel station

señal de tráfico

traffic sign

tránsito

traffic

embotellamiento

traffic jam

aparcamiento

parking lot

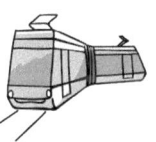

estación de tren

train station

vías

tracks

tren

train

tranvía

tram

vagón

wagon

helicóptero

helicopter

aeropuerto

airport

torre

tower

pasajero

passenger

contenedor

container

caja de cartón

carton

carretilla

cart

cesta

basket

despegar / aterrizar

take off / land

ciudad

city

pueblo

village

centro de ciudad

city center

casa

house

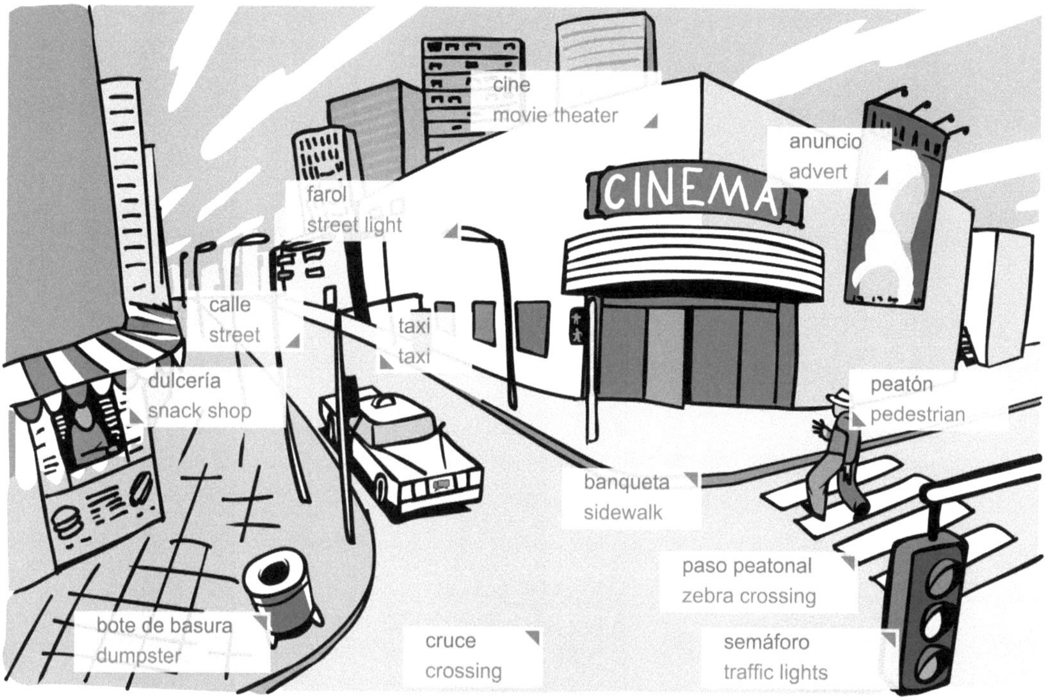

cine
movie theater
anuncio
advert
CINEMA
farol
street light
calle
street
taxi
taxi
dulcería
snack shop
peatón
pedestrian
banqueta
sidewalk
paso peatonal
zebra crossing
bote de basura
dumpster
cruce
crossing
semáforo
traffic lights

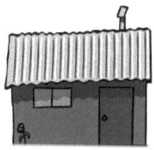

cabaña

hut

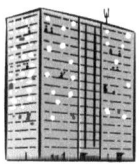

apartamento

apartment

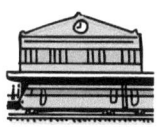

estación de tren

train station

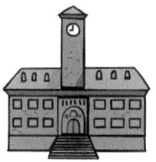

ayuntamiento

city hall

MUSEUM

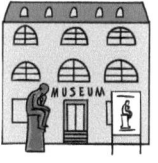

museo

museum

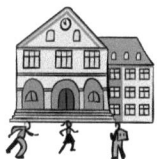

escuela

school

universidad

university

banco

bank

hospital

hospital

hotel

hotel

farmacia

pharmacy

oficina

office

librería

book shop

tienda

shop

florería

flower shop

supermercado

supermarket

mercado

market

grandes tiendas

department store

pescadería

fishmonger's shop

centro comercial

mall

puerto

harbor

parque

park

banco

bench

puente

bridge

escaleras

stairs

metro

subway

túnel

tunnel

parada de autobús

bus stop

bar

bar

restaurante

restaurant

buzón

postbox

letrero

street sign

parquímetro

parking meter

zoológico

zoo

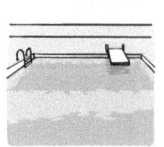

alberca

swimming pool

mezquita

mosque

granja
farm

contaminación
pollution

cementerio
cemetery

iglesia
church

área de niños
playground

templo
temple

paisaje
landscape

hoja
leaf

señal
signpost

camino
path

pradera
meadow

piedra
stone

árbol
tree

caminante
hiker

río
river

pasto
grass

flor
flower

valle
valley

montaña
hill

lago
lake

bosque
forest

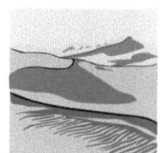

desierto
desert

volcán
volcano

castillo
castle

arco iris
rainbow

champiñón
mushroom

palmera
palm tree

mosquito
mosquito

mosca
fly

hormiga
ant

abeja
bee

araña
spider

escarabajo

beetle

rana

frog

ardilla

squirrel

erizo

hedgehog

liebre

hare

lechuza

owl

pájaro

bird

cisne

swan

jabalí

boar

ciervo

deer

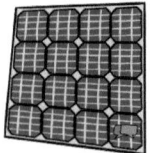

alce

moose

embalse

dam

turbina eólica

wind turbine

pansolar

solar panel

clima

climate

restaurante
restaurant

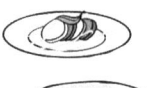

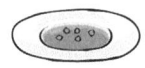

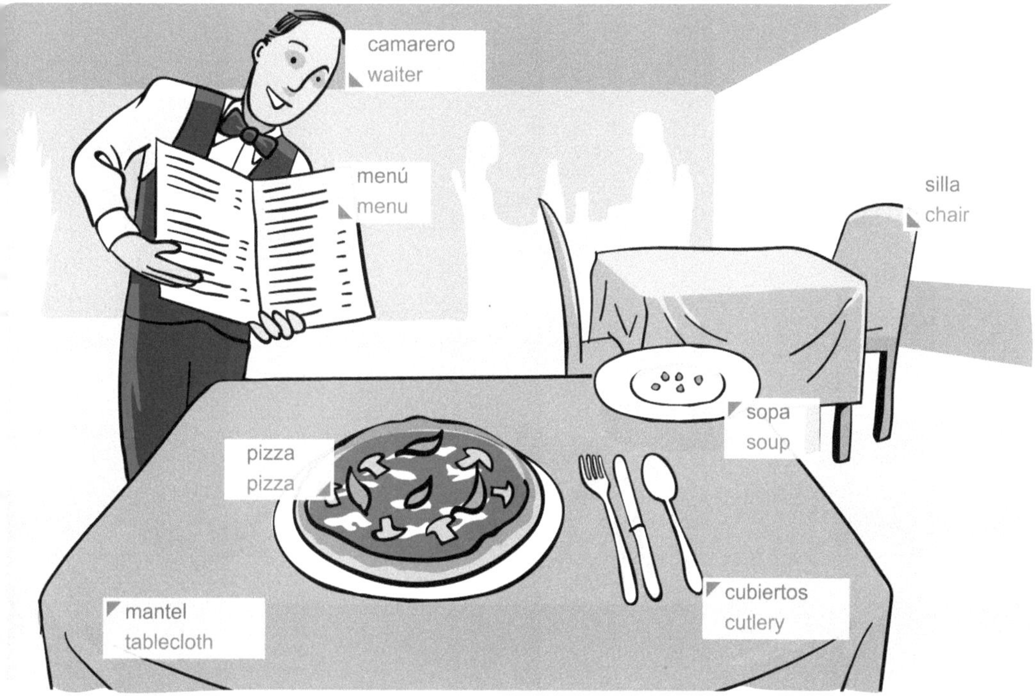
camarero
waiter
menú
menu
silla
chair
sopa
soup
pizza
pizza
mantel
tablecloth
cubiertos
cutlery

entrada
starter

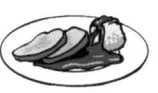

plato fuerte
main course

postre
dessert

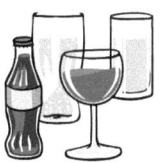

bebidas
drinks

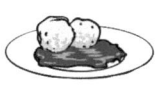

comida
food

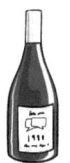

botella
bottle

comida rápida

fast food

comida de calle

street food

tetera

teapot

azucarera

sugar bowl

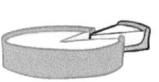

porción

portion

cafetera espresso

espresso machine

periquera

high chair

cuenta

bill

charola

tray

cuchillo

knife

tenedor

fork

cuchara

spoon

cuchara de té

teaspoon

servilleta

serviette

vaso

glass

plato

plate

plato hondo

soup plate

plato

saucer

salsa

sauce

salero

salt shaker

molino para pimienta

pepper mill

vinagre

vinegar

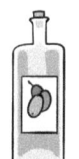

aceite

oil

especias

spices

kétchup

ketchup

mostaza

mustard

mayonesa

mayonnaise

supermercado

supermarket

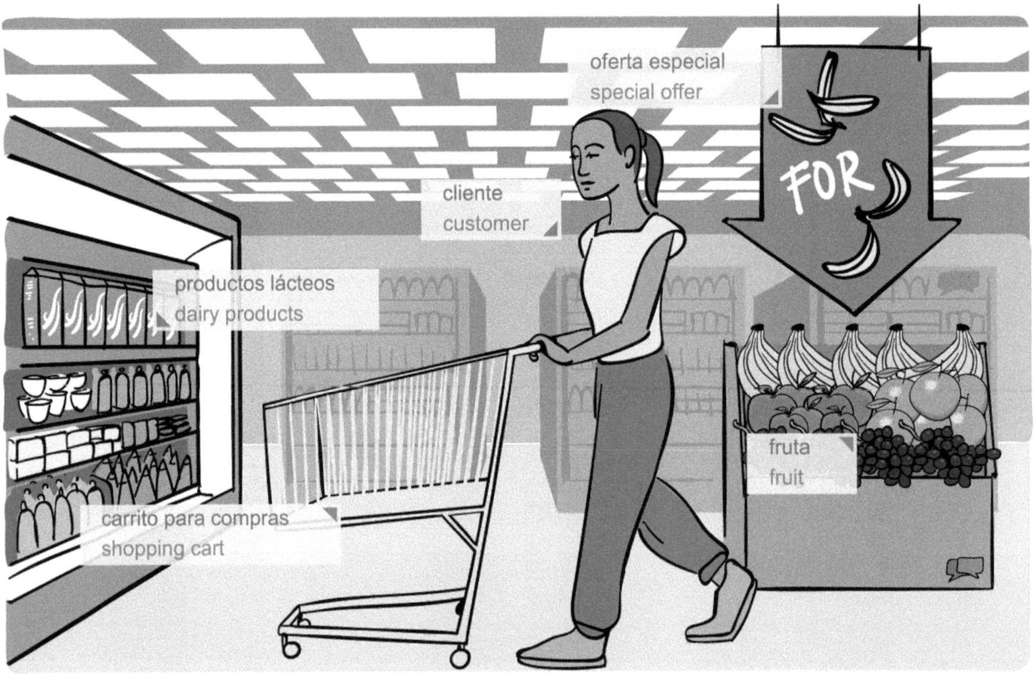

oferta especial
special offer
FOR
cliente
customer
productos lácteos
dairy products
fruta
fruit
carrito para compras
shopping cart

BUTCHERS

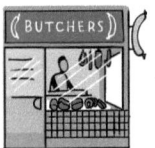

carnicería

butcher's shop

BAKERY

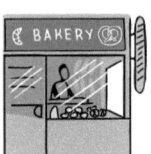

panadería

bakery

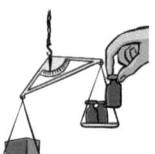

pesar

weigh

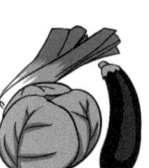

vegetales

vegetables

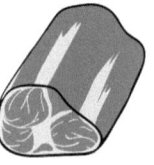

carne

meat

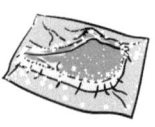

alimentos congelados

frozen food

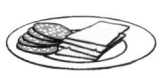

carnes frías

cold cuts

alimentos enlatados

canned food

detergente en polvo

detergent

dulces

candy

electrodomésticos

household products

productos de limpieza

cleaning products

vendedora

sales representative

caja

cash register

cajero

cashier

lista de compras

shopping list

horario de atención al público

opening hours

cartera

wallet

tarjeta de crédito

credit card

bolsa

bag

bolsa de plástico

plastic bag

bebidas
drinks

agua

water

jugo

juice

leche

milk

refresco de cola

coke

vino

wine

cerveza

beer

alcohol

alcohol

cacao

cocoa

té

tea

café

coffee

espresso

espresso

cappuccino

cappuccino

plátano

banana

manzana

apple

naranja

orange

melón

melon

limón

lemon

zanahoria

carrot

ajo

garlic

bambú

bamboo

cebolla

onion

champiñón

mushroom

nueces

nuts

fideos

noodles

espaguetis

spaghetti

arroz

rice

ensalada

salad

patatas fritas

fries

patatas fritas

fried potatoes

pizza

pizza

hamburguesa

hamburger

emparedado

sandwich

filete

escalope

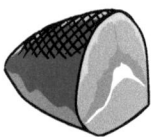

jamón

ham

salami

salami

salchicha

sausage

pollo

chicken

asado

roast

pescado

fish

copos de avena

porridge oats

muesli

muesli

copos de maíz

cornflakes

harina

flour

cuernito

croissant

bolillo

bread roll

pan

bread

tostada

toast

galletas

cookies

mantequilla

butter

cuajada

curd

pastel

cake

huevo

egg

huevo frito

fried egg

queso

cheese

helado

ice cream

azúcar

sugar

miel

honey

mermelada

jelly

crema de chocolate

nougat cream

curry

curry

granja
farm

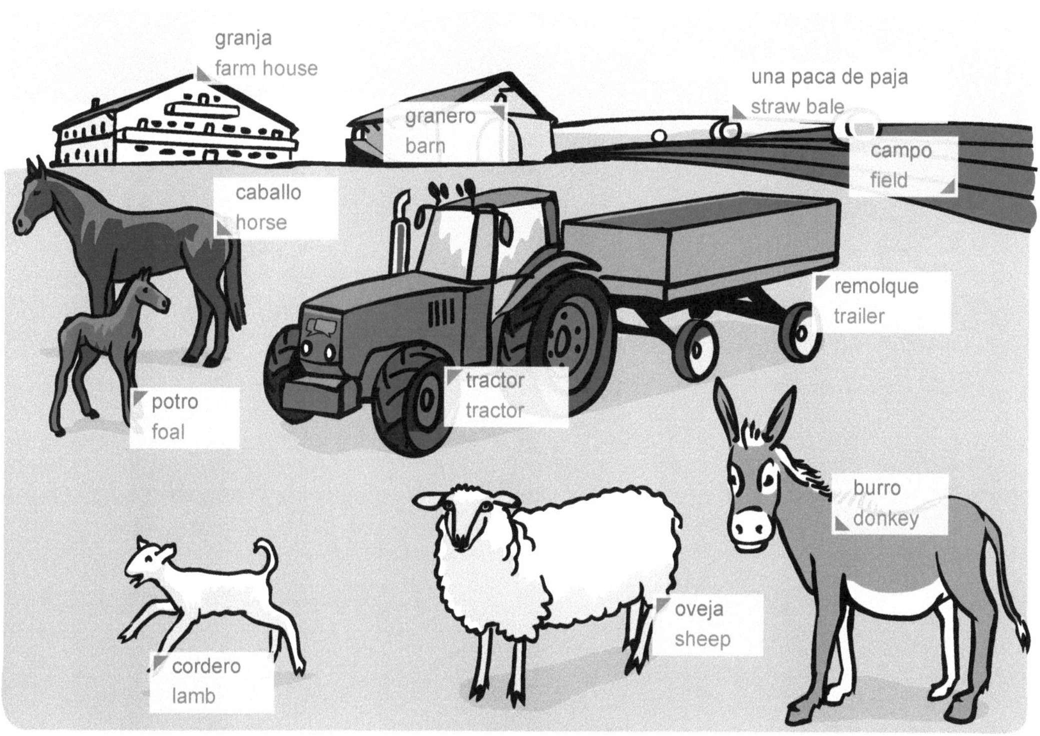

granja
farm house
granero
barn
una paca de paja
straw bale
campo
field
caballo
horse
remolque
trailer
potro
foal
tractor
tractor
burro
donkey
oveja
sheep
cordero
lamb

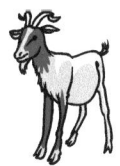

cabra

goat

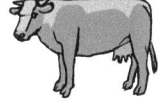

vaca

cow

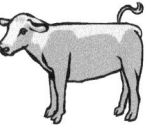

ternero

calf

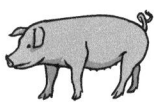

cerdo

pig

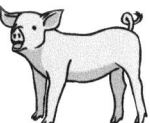

lechón

piglet

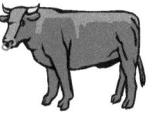

toro

bull

ganso

goose

pato

duck

pollo

chick

gallina

hen

gallo

cockerel

rata

rat

gato

cat

ratón

mouse

buey

ox

perro

dog

casa dperro

dog house

manguera

garden hose

regadera

watering can

guadaña

scythe

arado

plow

hoz

sickle

azadón

hoe

horquilla

pitchfork

hacha

axe

carretilla

pushcart

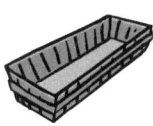

bebedero

trough

bote de leche

milk can

saco

sack

valla

fence

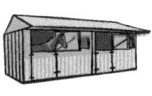

establo

stable

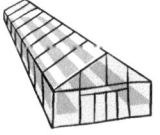

invernadero

greenhouse

suelo

soil

semilla

seed

fertilizador

fertilizer

cosechadora

combine harvester

cosechar

harvest

cosecha

harvest

camote

yams

trigo

wheat

soja

soya

patata

potato

maíz

corn

semilde colza

rapeseed

árbol frutal

fruit tree

mandioca

manioc

cereales

grain

casa
house

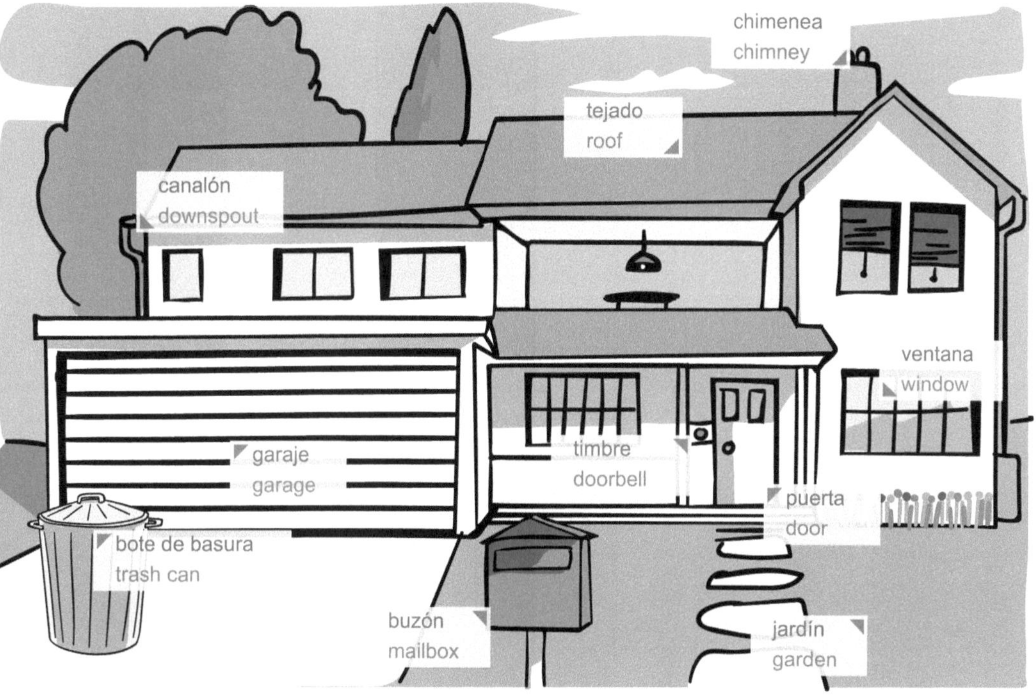

chimenea
chimney
tejado
roof
canalón
downspout
ventana
window
garaje
garage
timbre
doorbell
puerta
door
bote de basura
trash can
buzón
mailbox
jardín
garden

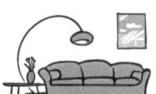

estancia

living room

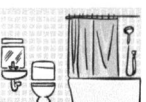

baño

bathroom

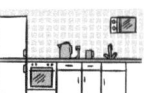

cocina

kitchen

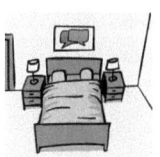

recámara

bedroom

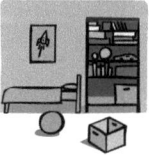

recámara de los niños

kids room

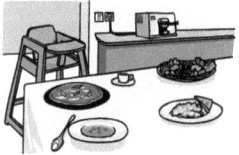

comedor

dining room

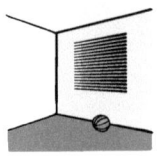

suelo

floor

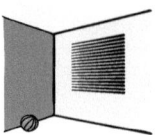

pared

wall

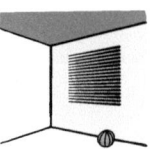

techo

ceiling

sótano

cellar

sauna

sauna

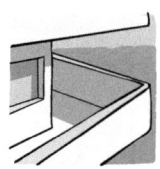

balcón

balcony

terraza

terrace

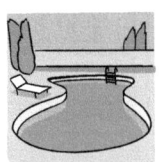

alberca

pool

cortacésped

lawn mower

sábana

sheet

colcha

bedspread

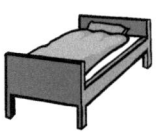

cama

bed

escoba

broom

balde

bucket

interruptor

switch

estancia
living room

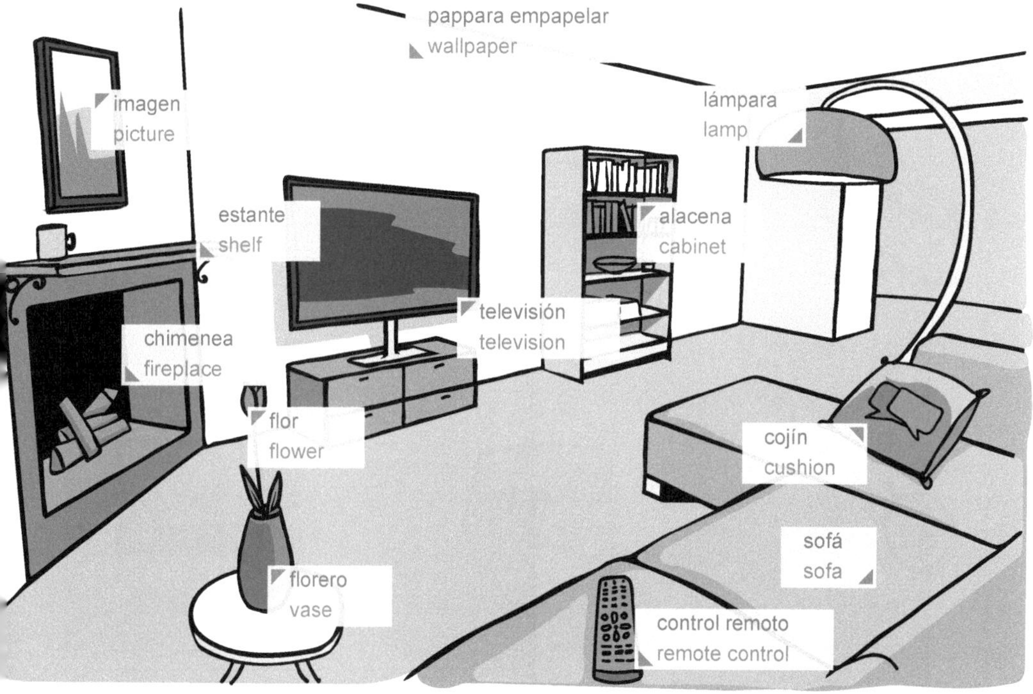
pappara empapelar
wallpaper
imagen
picture
lámpara
lamp
estante
shelf
alacena
cabinet
televisión
television
chimenea
fireplace
flor
flower
cojín
cushion
sofá
sofa
florero
vase
control remoto
remote control

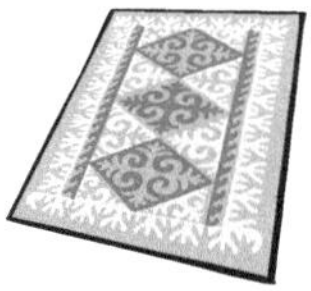

alfombra

carpet

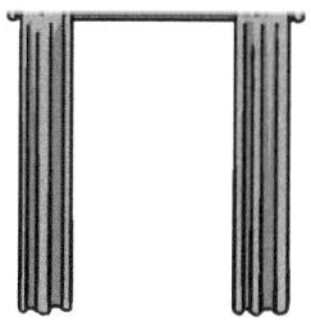

cortina

drape

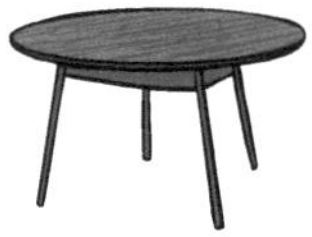

mesa

table

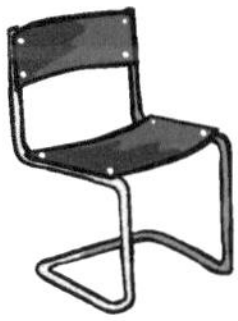

silla

chair

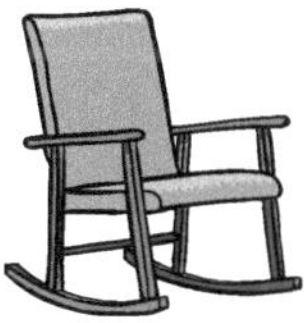

mecedora

rocking chair

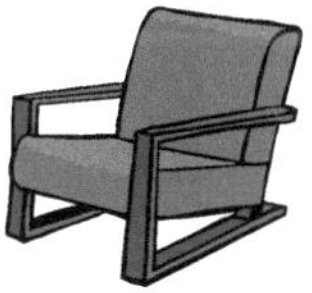

sillón

armchair

libro

book

frazada

blanket

decoración

decoration

leña

firewood

película

film

equipo de música

stereo system

llave

key

periódico

newspaper

pintura

painting

póster

poster

radio

radio

cuaderno

notebook

aspiradora

vacuum cleaner

cactus

cactus

vela

candle

cocina
kitchen

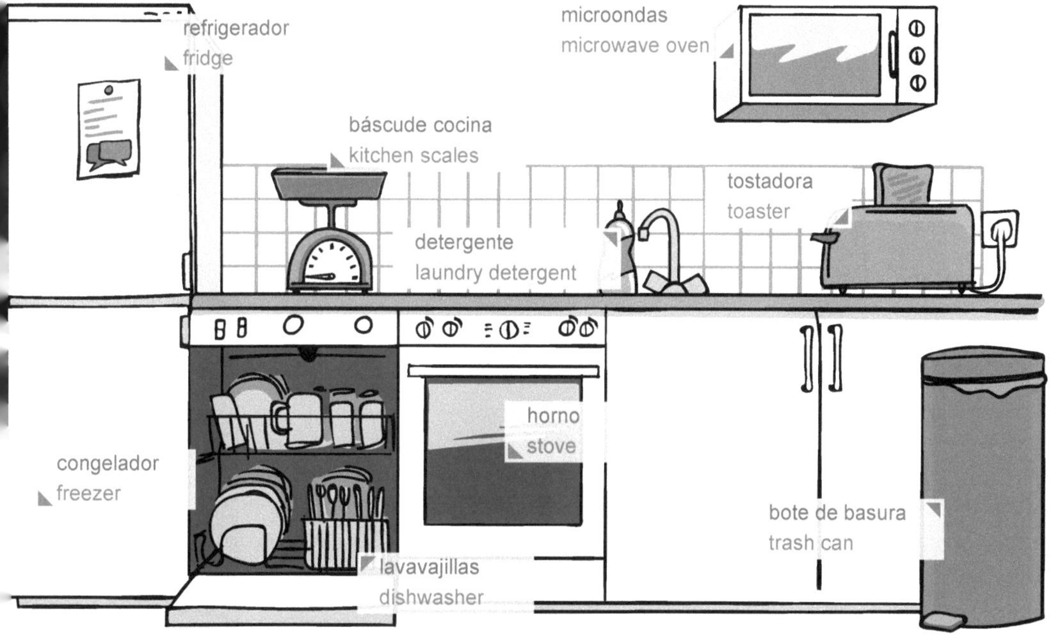

refrigerador
fridge
microondas
microwave oven
báscude cocina
kitchen scales
tostadora
toaster
detergente
laundry detergent
horno
stove
congelador
freezer
bote de basura
trash can
lavavajillas
dishwasher

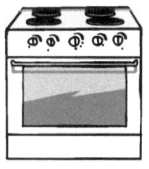

opresión
cooker

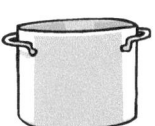

olla
pot

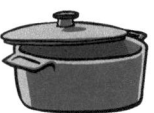

olde hierro fundido
cast-iron pot

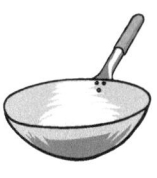

wok
wok / kadai

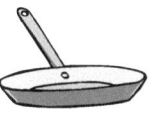

sartén
pan

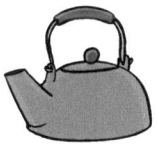

hervidor
kettle

vaporera

steamer

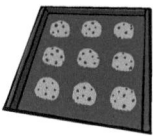

charode horno

baking tray

loza

crockery

taza

mug

bol

bowl

palillos

chopsticks

cucharón

ladle

espátula

spatula

batidora

whisk

colador

strainer

colador

sieve

rallador

grater

mortero

mortar

barbacoa

barbecue

fogata

fireplace

tabpara picar

chopping board

rodillo para amasar

rolling pin

sacacorchos

corkscrew

lata

can

abrelatas

can opener

guante de cocina

oven cloth

fregadero

sink

cepillo

brush

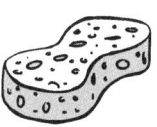

esponja

sponge

batidora

blender

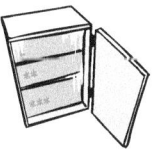

congelador

deep freezer

biberón

baby bottle

llave

tap

baño

bathroom

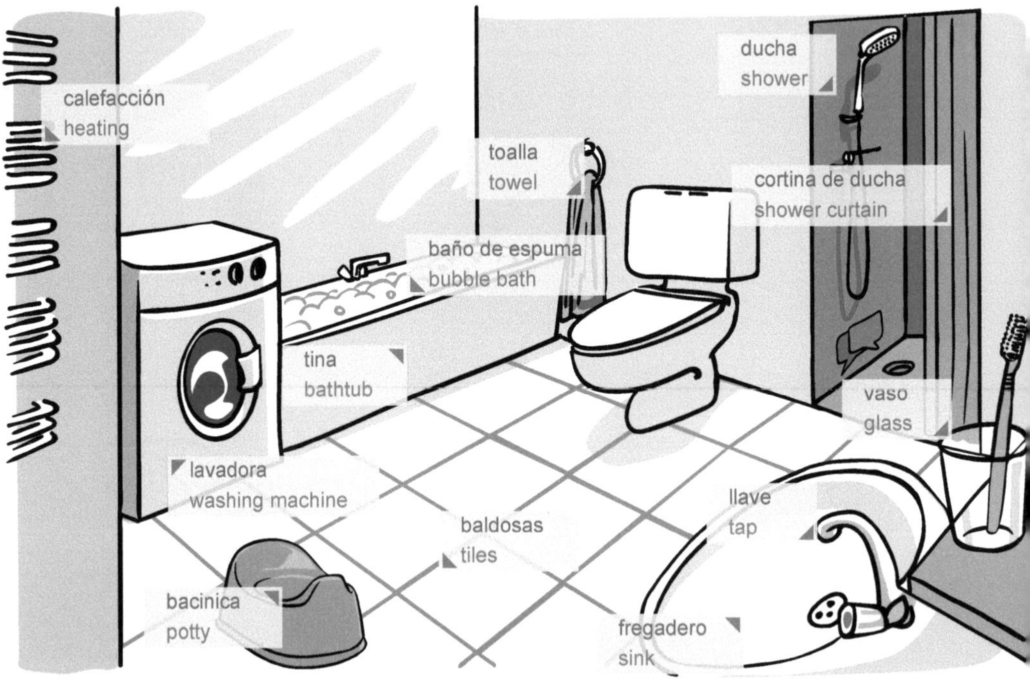

calefacción
heating

ducha
shower

toalla
towel

cortina de ducha
shower curtain

baño de espuma
bubble bath

tina
bathtub

lavadora
washing machine

vaso
glass

llave
tap

baldosas
tiles

bacinica
potty

fregadero
sink

inodoro
toilet

letrina
squat toilet

bidé
bidet

mingitorio
urinal

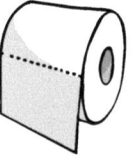

paphigiénico
toilet paper

cepillo para baño
toilet brush

cepillo de dientes

toothbrush

pasta dental

toothpaste

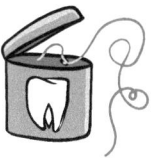

hilo dental

dental floss

lavar

wash

ducha de mano

hand shower

ducha vaginal

douche

fregadero

basin

cepillo de espalda

back brush

jabón

soap

gde ducha

shower gel

champú

shampoo

toallita

flannel

drenaje

drain

crema

creme

desodorante

deodorant

espejo

mirror

espejo de tocador

hand mirror

máquina para afeitar

razor

espuma de afeitar

shaving foam

loción para después de afeitar

aftershave

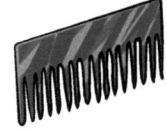

peine

comb

cepillo

brush

secadora

hair-dryer

laca

hairspray

maquillaje

makeup

lápiz labial

lipstick

esmalte para uñas

nail varnish

algodón

cotton wool

tijeras para uñas

nail scissors

perfume

perfume

estuche para cosméticos

washbag

taburete

stool

báscula

weighing scales

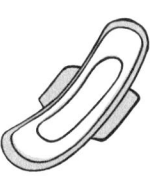

bata

bathrobe

guantes de goma

rubber gloves

tampón

tampon

toalsanitaria

sanitary towel

baño móvil

chemical toilet

recámara de los niños

kids room

despertador
alarm clock
peluche
cuddly toy
carro de juguete
toy car
sonaja
rattle
casa de muñecas
doll's house
regalo
present

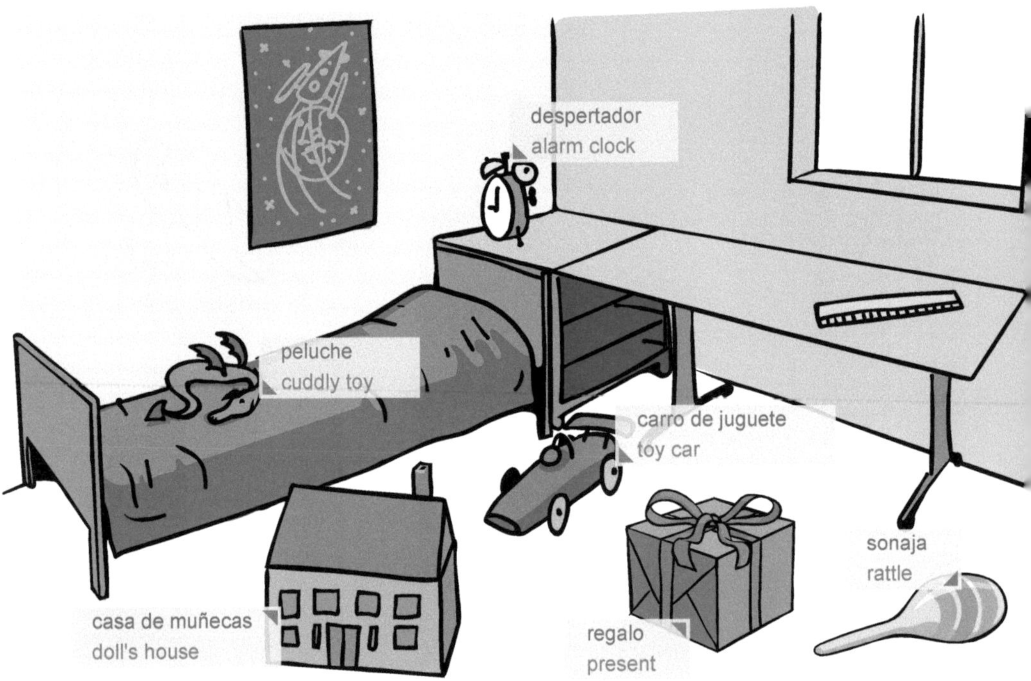

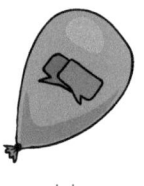

globo

balloon

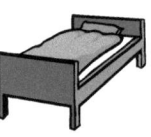

cama

bed

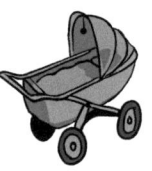

carriola

stroller

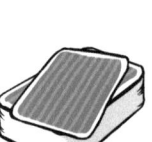

cartas

deck of cards

rompecabezas

jigsaw

SUPER
MEGA

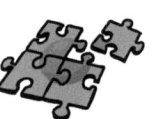

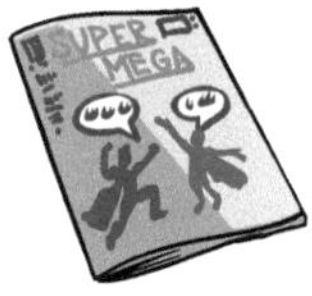

cómic

comic

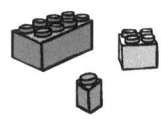

piezas de lego

lego bricks

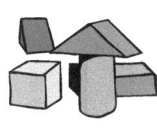

bloques para jugar

toy blocks

figura de acción

action figure

mameluco

romper suit

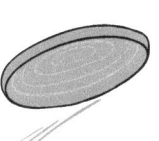

frisbee

frisbee

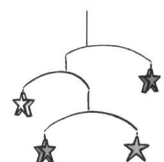

móvil para bebés

mobile

juego de mesa

board game

dados

dice

tren eléctrico

model train set

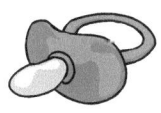

maniquí

pacifier

fiesta

party

álbum de fotos

picture book

balón

ball

muñeca

doll

jugar

play

arenero

sandpit

columpio

swing

juguetes

toys

consode videojuegos

video game console

tricicло

tricycle

oso de peluche

teddy bear

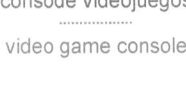

clóset

wardrobe

ropa

clothing

calcetines

socks

pantimedias

stockings

mallas

tights

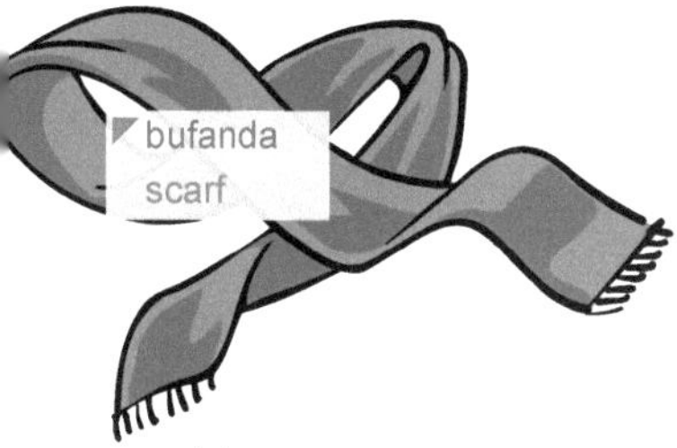

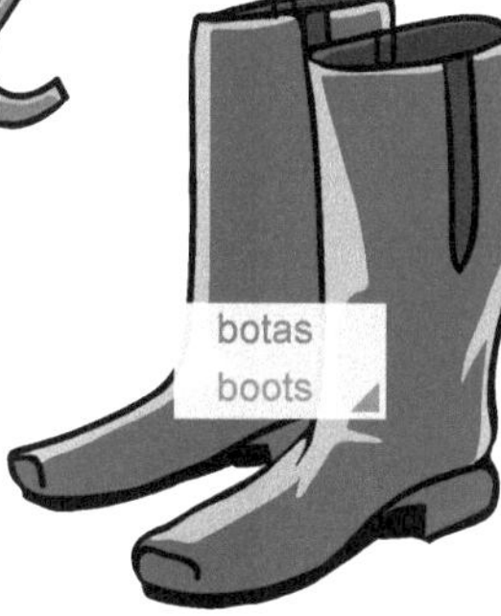

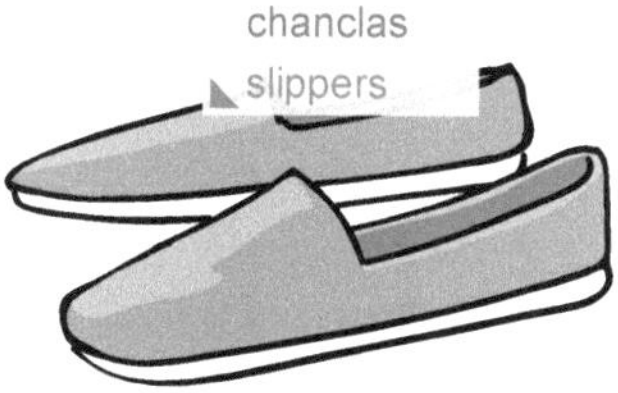

bufanda
scarf

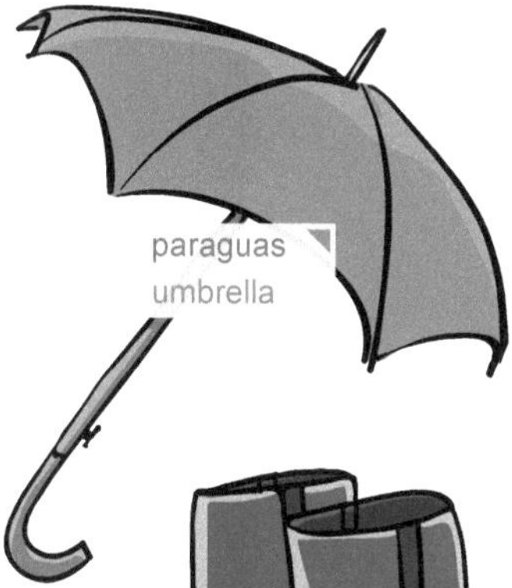

paraguas
umbrella

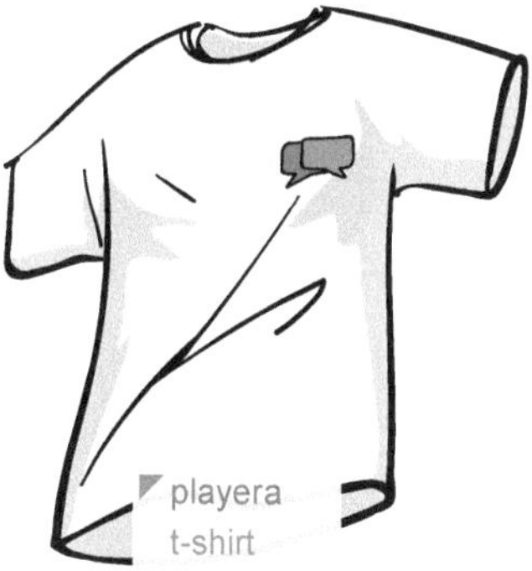

playera
t-shirt

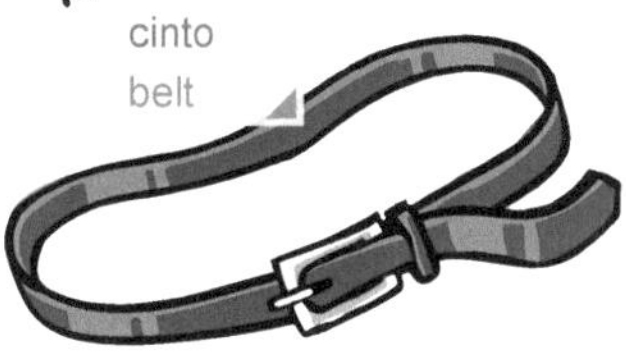

cinto
belt

botas
boots

chanclas
slippers

tenis
sneakers

sandalias
sandals

zapatos
shoes

botas de goma
rubber boots

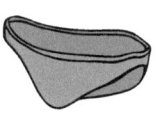

ropa interior
underwear

brasier
bra

chaleco
undershirt

body
body

pantalones
pants

pantalones de mezclilla
jeans

falda
skirt

blusa
blouse

camisa
shirt

suéter
pullover

sudadera
sweater

saco sport
blazer

chamarra
jacket

abrigo
coat

impermeable
raincoat

traje
costume

vestido
dress

vestido de novia
wedding dress

traje

suit

camisón

nightgown

pijama

pajamas

sari

sari

pañuelo para cabeza

headscarf

turbante

turban

burka

burka

caftán

kaftan

abaya

abaya

traje de baño

swimsuit

short de baño

trunks

shorts

shorts

pants

tracksuit

delantal

apron

guantes

gloves

botón

button

gafas

glasses

brazalete

bracelet

collar

necklace

anillo

ring

arete

earring

gorra

cap

gancho

coat hanger

sombrero

hat

corbata

tie

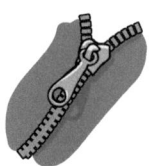

cierre

zip

casco

helmet

tirantes

braces

uniforme

school uniform

uniforme

uniform

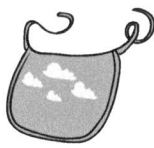

babero

bib

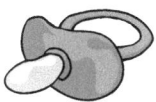

maniquí

pacifier

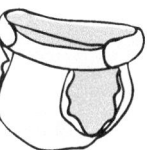

pañal

diaper

oficina
office

servidor
server
archivo
filing cabinet
impresora
printer
pap
paper
monitor
monitor
mouse
mouse
escritorio
desk
carpeta
folder
teclado
keyboard
bote de basura
waste-paper basket
computadora
computer
silla
chair

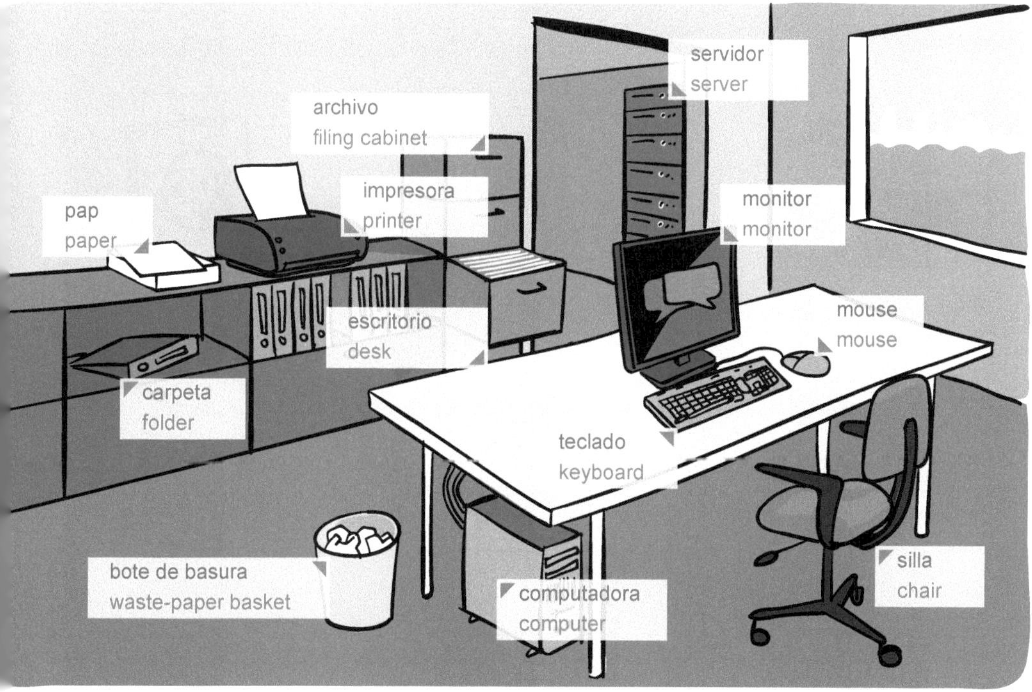

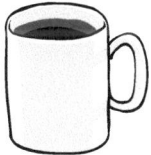

taza de café

coffee mug

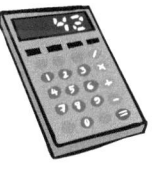

calculadora

calculator

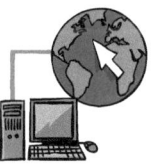

internet

internet

notebook

laptop

carta

letter

mensaje

message

móvil

cell phone

red

network

fotocopiadora

photocopier

software

software

teléfono

telephone

tomacorriente

plug socket

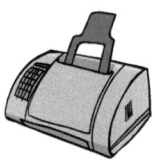

fax

fax machine

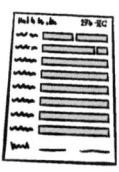

formulario

form

documento

document

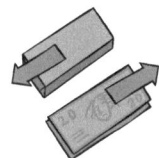

comprar
buy

pagar
pay

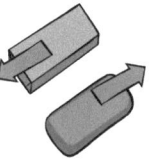

hacer negocios
trade

dinero
money

 **USD**

dólar
dollar

 **EUR**

euro
euro

 **JPY**

yen
yen

 **RUB**

rublo
rouble

 **CHF**

franco suizo
Swiss franc

 **CNY**

yuan
renminbi yuan

 **INR**

rupia
rupee

cajero automático
cash point

casa de cambio

currency exchange office

oro

gold

plata

silver

petróleo

oil

energía

energy

precio

price

contrato

contract

impuesto

tax

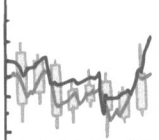

acción

stock

trabajar

work

empleado

employee

empleador

employer

fábrica

factory

tienda

shop

ocupaciones
occupations

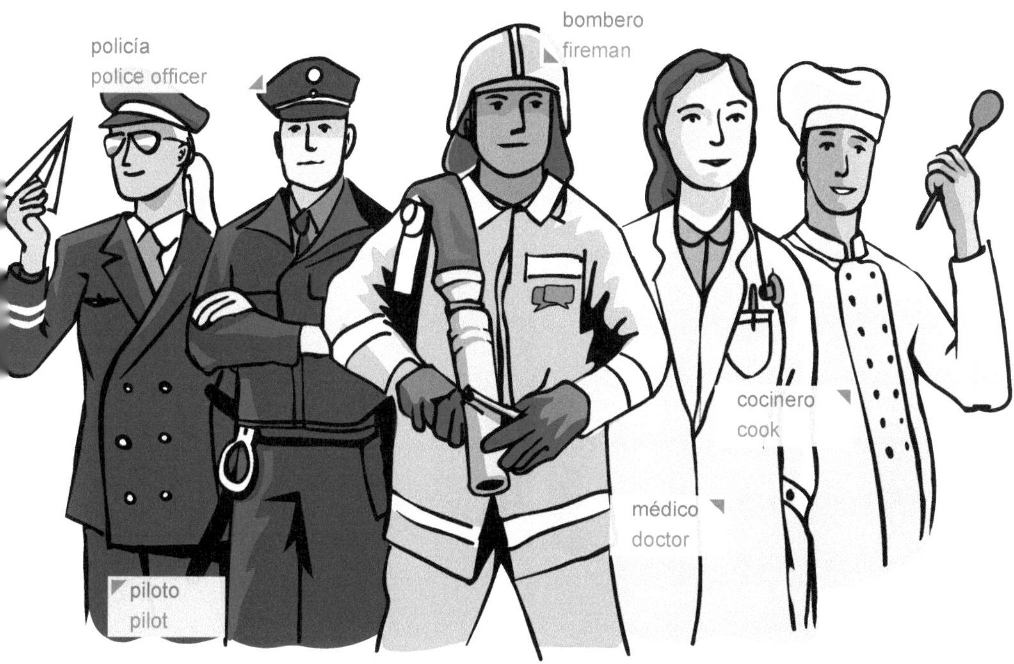

bombero
fireman
policía
police officer
cocinero
cook
médico
doctor
piloto
pilot

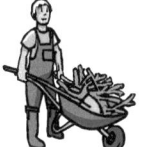

jardinero
gardener

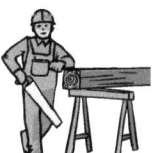

carpintero
carpenter

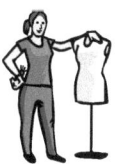

costurera
seamstress

juez
judge

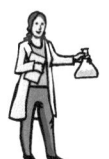

farmacéutico
chemist

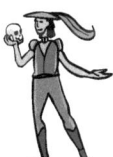

actor
actor

conductor de autobús

bus driver

taxista

taxi driver

pescador

fisherman

señora de limpieza

cleaning lady

instalador de techos

roofer

camarero

waiter

cazador

hunter

pintor

painter

panadero

baker

electricista

electrician

obrero

builder

ingeniero

engineer

carnicero

butcher

plomero

plumber

cartero

postman

soldado
soldier

arquitecto
architect

cajero
cashier

florista
florist

peluquero
hairdresser

cobrador
conductor

mecánico
mechanic

capitán
captain

dentista
dentist

científico
scientist

rabino
rabbi

imán
imam

monje
monk

sacerdote
pastor

herramientas
tools

martillo
hammer
pinza
pliers
desarmador
screwdriver
llave
wrench
linterna
torch

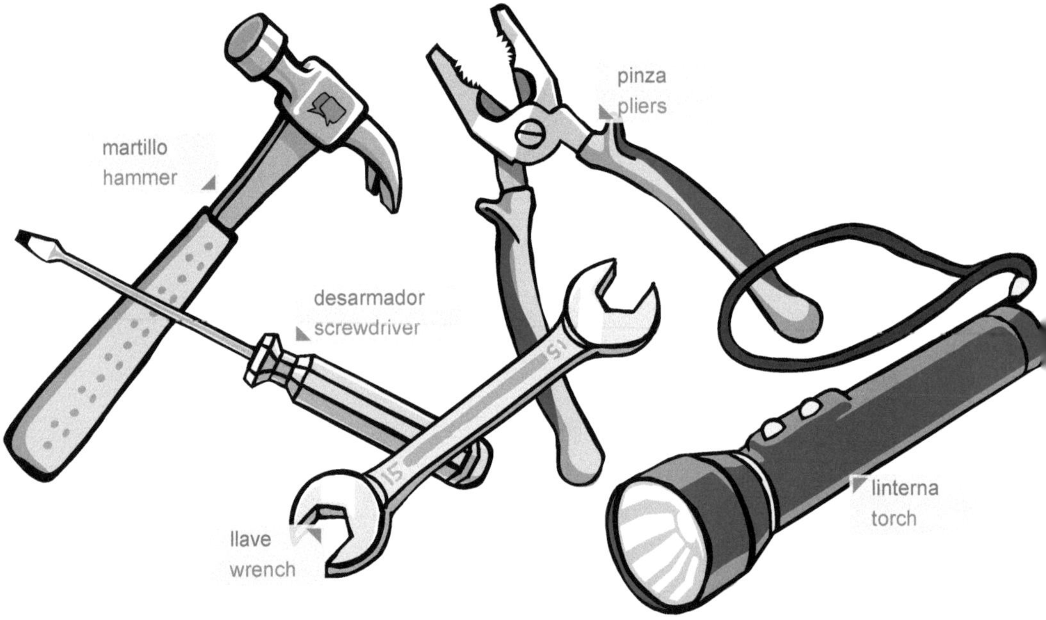

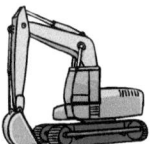

excavadora

excavator

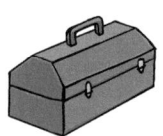

caja de herramientas

toolbox

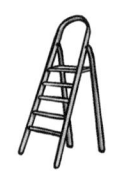

escalera de mano

ladder

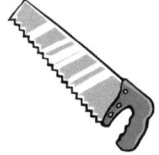

sierra

saw

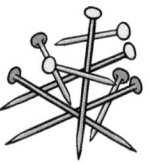

clavos

nails

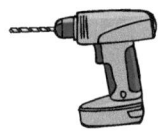

taladro

drill

reparar

repair

pala

shovel

¡Maldición!

Damn!

recogedor

dustpan

bote de pintura

paint can

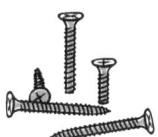

tornillos

screws

instrumentos musicales
musical instruments

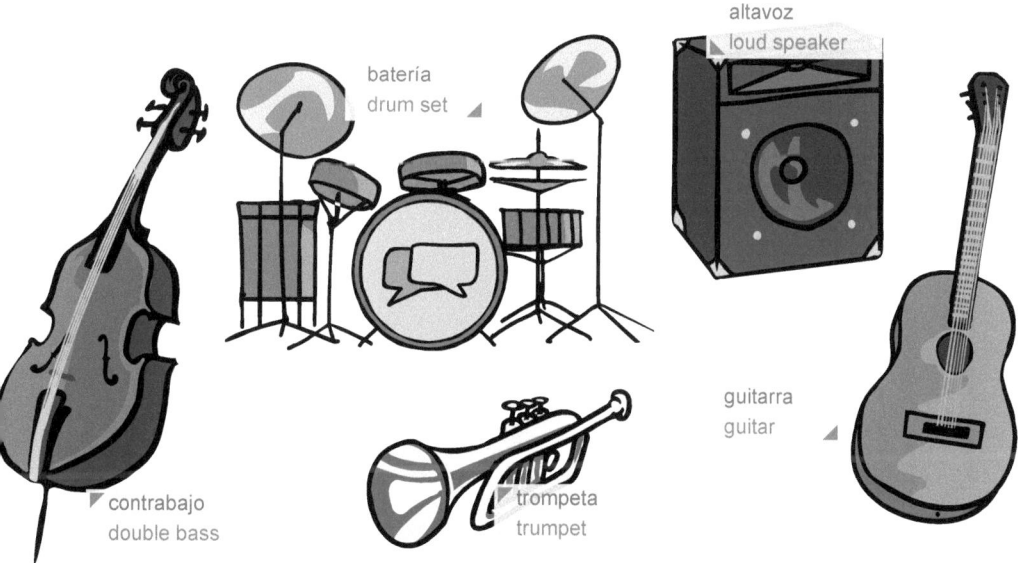

altavoz
loud speaker

batería
drum set

contrabajo
double bass

trompeta
trumpet

guitarra
guitar

piano
piano

violín
violin

bajo
bass

timbales
timpani

tambor
drums

teclado
keyboard

saxofón
saxophone

flauta
flute

micrófono
microphone

zoológico

zoo

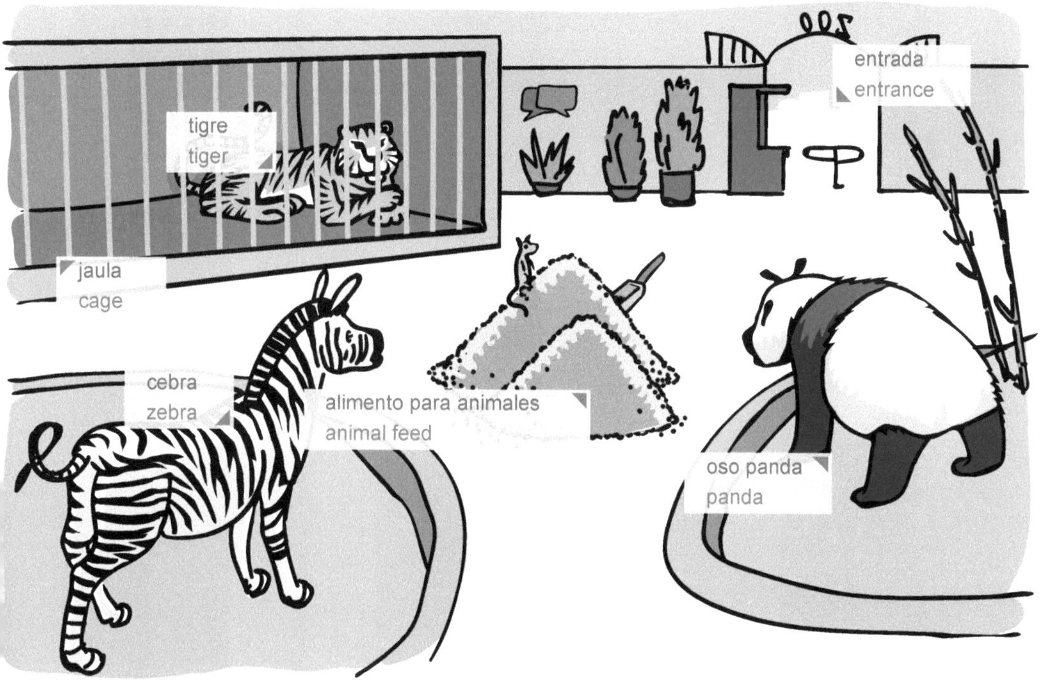

tigre
tiger
entrada
entrance
jaula
cage
cebra
zebra
alimento para animales
animal feed
oso panda
panda

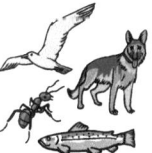

animales
animals

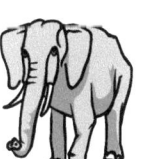

elefante
elephant

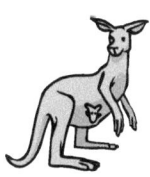

canguro
kangaroo

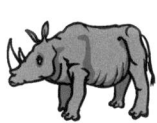

rinoceronte
rhino

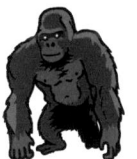

gorila
gorilla

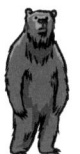

oso
bear

camello

camel

avestruz

ostrich

león

lion

mono

monkey

flamenco

flamingo

loro

parrot

oso polar

polar bear

pingüino

penguin

tiburón

shark

pavo real

peacock

serpiente

snake

cocodrilo

crocodile

guardián de zoológico

zookeeper

foca

seal

jaguar

jaguar

zoológico - zoo

poni

pony

leopardo

leopard

hipopótamo

hippo

jirafa

giraffe

águila

eagle

jabalí

boar

pescado

fish

tortuga

turtle

morsa

walrus

zorro

fox

gacela

gazelle

fútbol americano
American football

ciclismo
cycling

tenis
tennis

baloncesto
basketball

natación
swimming

boxeo
boxing

hockey sobre hielo
ice hockey

fútbol
soccer

bádminton
badminton

atletismo
athletics

handball
handball

esquí
skiing

polo
polo

actividades

activities

saltar
jump
abrazar
hug
reír
laugh
caminar
walk
cantar
sing
soñar
dream
rezar
pray
besar
kiss

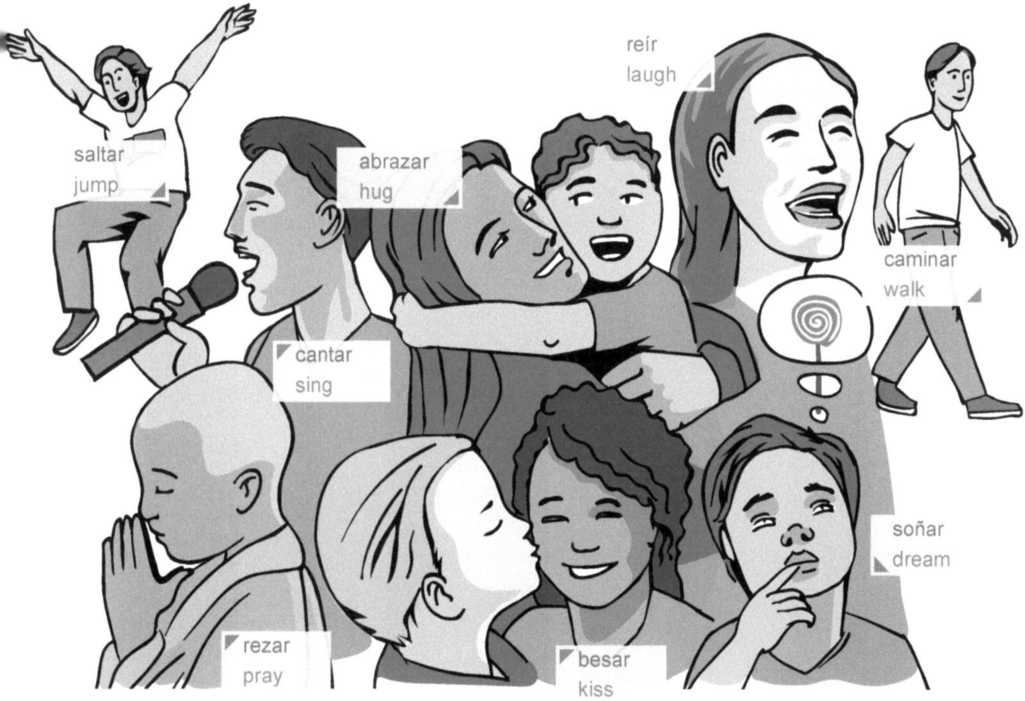

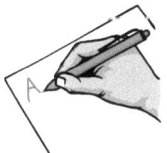

escribir

write

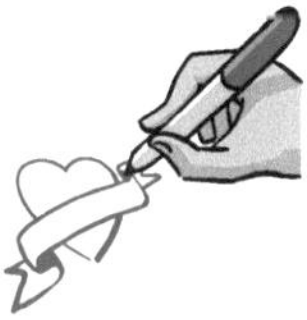

dibujar

draw

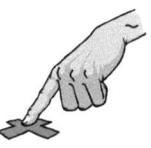

mostrar

show

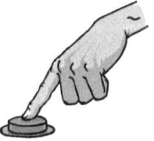

empujar

push

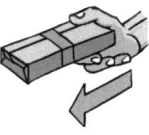

dar

give

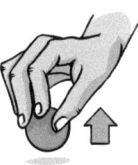

tomar

take

tener

have

hacer

do

ser

be

estar parado

stand

correr

run

jalar

pull

arrojar

throw

caer

fall

estar acostado

lie

esperar

wait

llevar

carry

estar sentado

sit

vestirse

get dressed

dormir

sleep

despertar

wake up

mirar

look at

llorar

cry

acariciar

stroke

peinar

comb

hablar

talk

entender

understand

preguntar

ask

escuchar

listen

beber

drink

comer

eat

ordenar

tidy up

amar

love

cocinar

cook

conducir

drive

volar

fly

navegar
sail

calcular
calculate

leer
read

aprender
learn

trabajar
work

casarse
marry

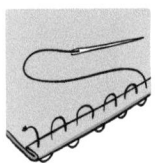

coser
sew

cepillarse los dientes
brush teeth

matar
kill

fumar
smoke

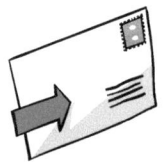

enviar
send

abuela
grandmother

abuelo
grandfather

padre
father

madre
mother

bebé
baby

hija
daughter

hijo
son

invitado
guest

tía
aunt

tío
uncle

hermano
brother

hermana
sister

familia - family

cuerpo

body

frente
forehead
ojo
eye
cara
face
barbilla
chin
pecho
breast
dedo
finger
mano
hand
brazo
arm
hombro
shoulder
pierna
leg

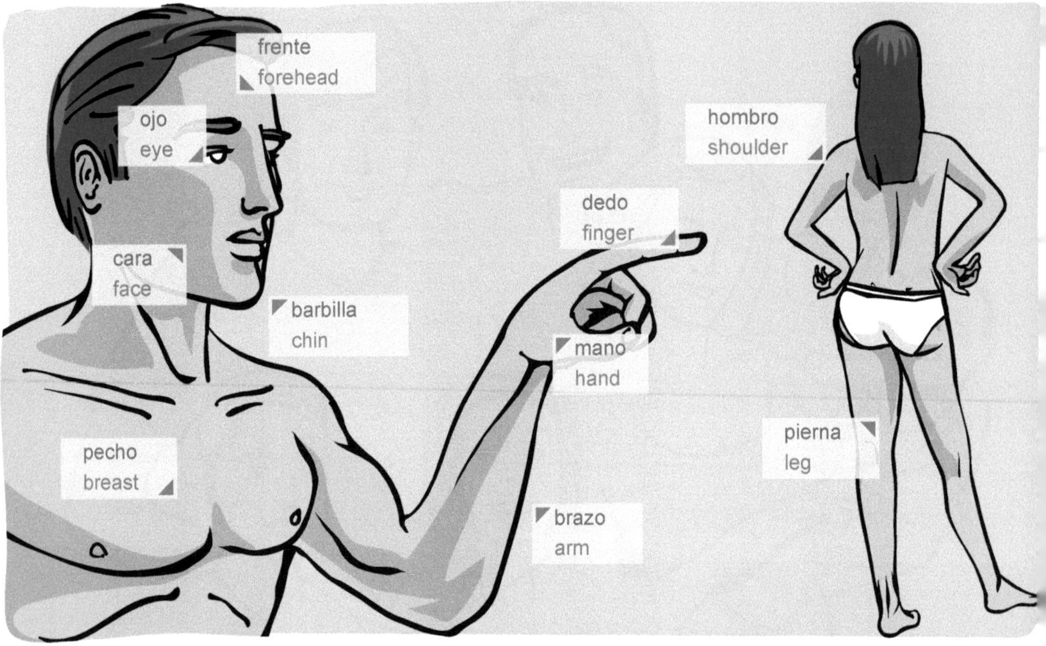

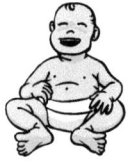

bebé

baby

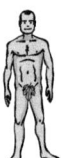

hombre

man

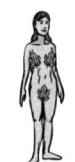

mujer

woman

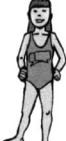

niña

girl

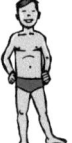

niño

boy

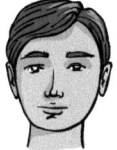

cabeza

head

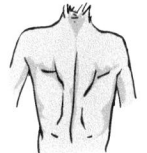

espalda

back

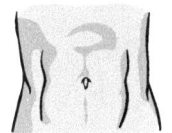

barriga

belly

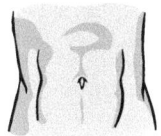

ombligo

navel

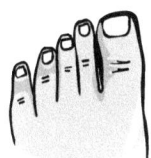

dedo dpie

toe

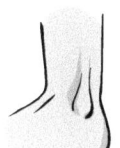

talón

heel

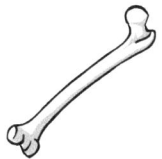

hueso

bone

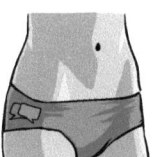

cadera

hip

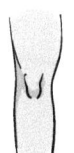

rodilla

knee

codo

elbow

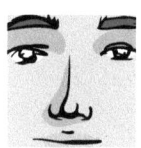

nariz

nose

pompis

buttocks

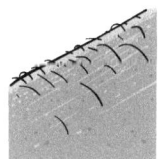

piel

skin

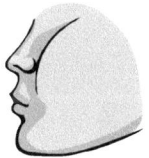

mejilla

cheek

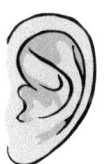

oído

ear

labio

lip

cuerpo - body

boca

mouth

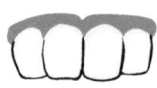

diente

tooth

lengua

tongue

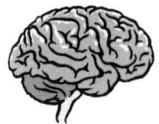

cerebro

brain

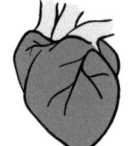

corazón

heart

músculo

muscle

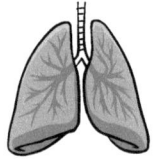

pulmón

lung

hígado

liver

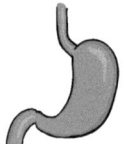

estómago

stomach

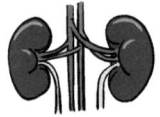

riñones

kidneys

sexo

sex

condón

condom

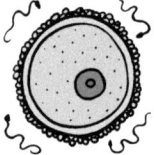

óvulo

ovum

semen

semen

embarazo

pregnancy

cuerpo - body

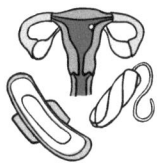

menstruación

menstruation

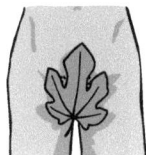

vagina

vagina

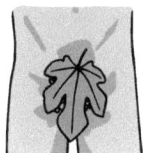

pene

penis

ceja

eyebrow

cabello

hair

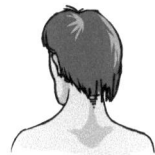

cuello

neck

hospital

hospital

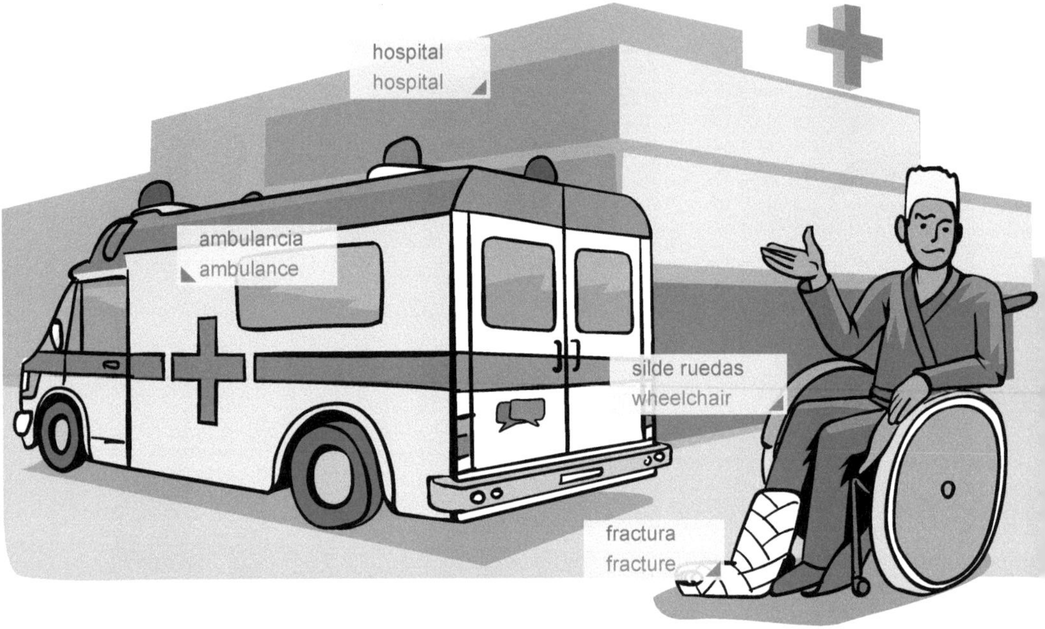

hospital
hospital
ambulancia
ambulance
silde ruedas
wheelchair
fractura
fracture

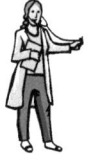

médico
doctor

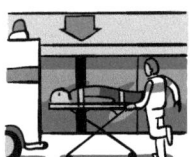

sade emergencias
emergency room

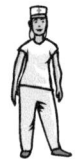

enfermera
nurse

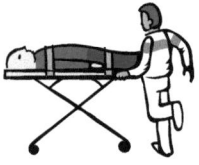

emergencia
emergency

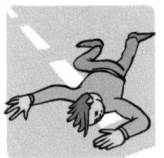

inconsciente
unconscious

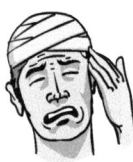

dolor
pain

lesión

injury

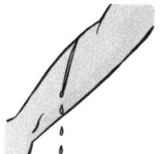

hemorragia

bleeding

infarto

heart attack

accidente cerebrovascular

stroke

alergia

allergy

tos

cough

fiebre

fever

gripa

flu

diarrea

diarrhea

dolor de cabeza

headache

cáncer

cancer

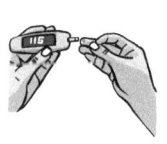

diabetes

diabetes

cirujano

surgeon

bisturí

scalpel

operación

operation

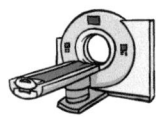

TC
CT

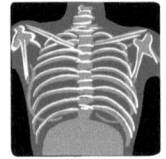

rayos x
x-ray

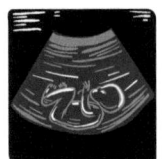

ultrasonido
ultrasound

mascarilla
face mask

enfermedad
disease

sade espera
waiting room

muleta
crutch

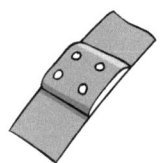

vendita
plaster

vendaje
bandage

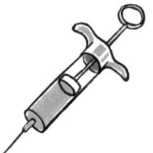

inyección
injection

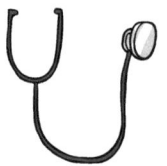

estetoscopio
stethoscope

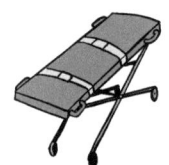

camilla
stretcher

termómetro
clinical thermometer

nacimiento
birth

sobrepeso
overweight

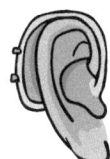

audífono

hearing aid

desinfectante

disinfectant

infección

infection

virus

virus

VIH / SIDA

HIV / AIDS

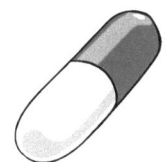

medicina

medicine

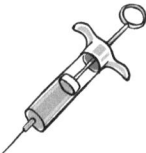

vacunación

vaccination

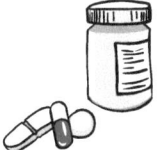

tabletas

tablets

pastilanticonceptiva

pill

llamada de emergencia

emergency call

medidor de presión

blood pressure monitor

enfermo / sano

ill / healthy

¡Socorro!

Help!

alarma

alarm

agresión

assault

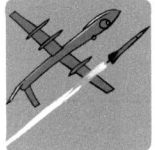

ataque

attack

peligro

danger

salida de emergencia

emergency exit

¡Fuego!

Fire!

extintor de incendios

fire extinguisher

accidente

accident

botiquín de primeros
auxilios

first-aid kit

SOS

SOS

policía

police

Europa

Europe

Norteamérica

North America

Sudamérica

South America

África

Africa

Asia

Asia

Australia

Australia

Atlántico

Atlantic

Pacífico

Pacific

Océano Índico

Indian Ocean

Océano Antártico

Antarctic Ocean

Océano Ártico

Arctic Ocean

polo norte

North pole

polo sur

South pole

Antártida

Antarctica

tierra

earth

tierra

land

mar

sea

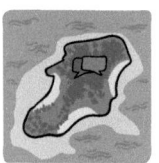

isla

island

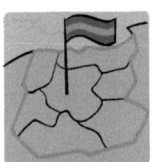

nación

nation

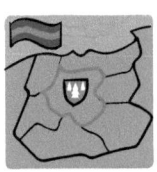

estado

state

tierra - earth

esfera

clock face

manecilde las horas

hour hand

minutero

minute hand

segundero

second hand

¿Qué hora es?

What time is it?

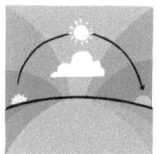

día

day

hora

time

ahora

now

reloj digital

digital watch

minuto

minute

hora

hour

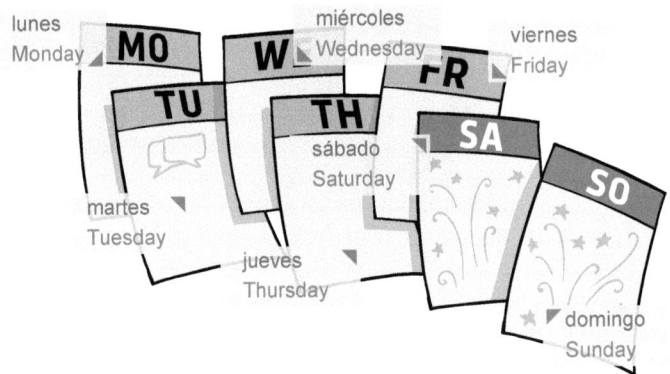

lunes
Monday

miércoles
Wednesday

viernes
Friday

martes
Tuesday

jueves
Thursday

sábado
Saturday

domingo
Sunday

ayer

yesterday

hoy

today

mañana

tomorrow

mañana

morning

mediodía

noon

tarde

evening

días laborables

workdays

fin de semana

weekend

lluvia
rain

arco iris
rainbow

nieve
snow

viento
wind

primavera
spring

otoño
fall

verano
summer

invierno
winter

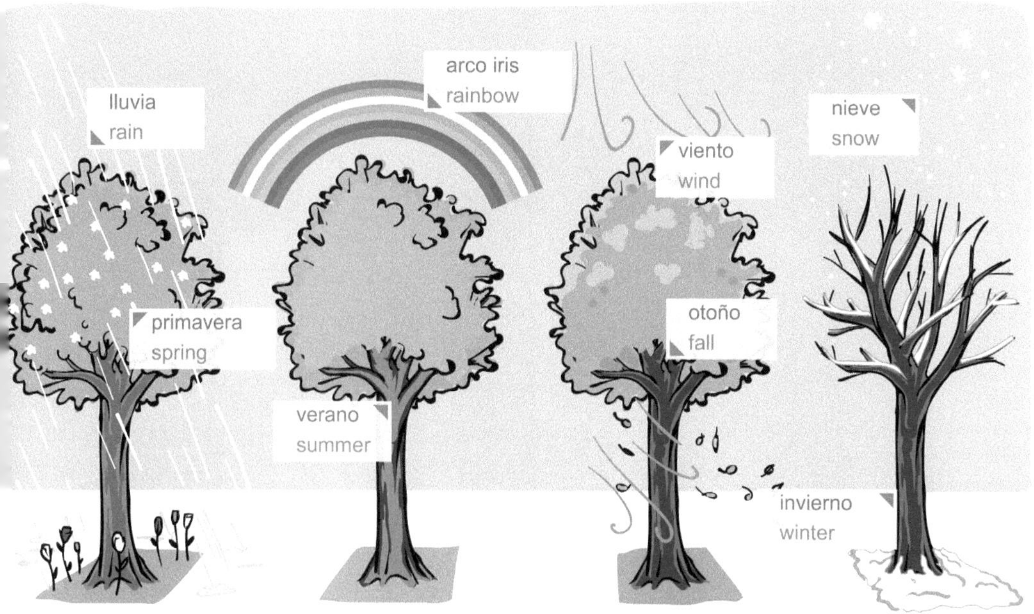

pronóstico dtiempo

weather forecast

termómetro

thermometer

sol

sunshine

nube

cloud

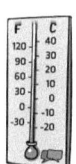

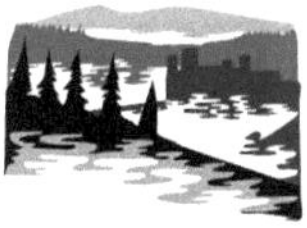

niebla

fog

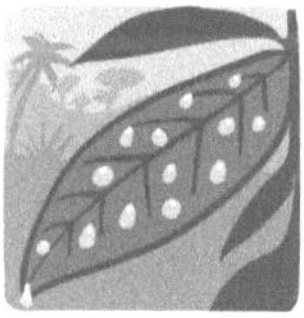

humedad

humidity

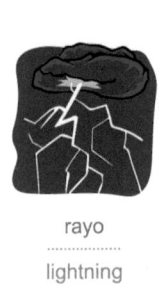

rayo

lightning

trueno

thunder

tormenta

storm

granizo

hail

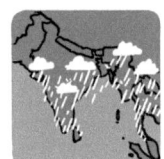

monzón

monsoon

inundación

flood

hielo

ice

enero

January

febrero

February

marzo

March

abril

April

mayo

May

junio

June

julio

July

agosto

August

septiembre

September

octubre

October

noviembre

November

diciembre

December

formas

shapes

círculo

circle

cuadrado

square

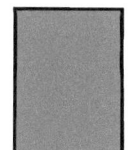

rectángulo

rectangle

triángulo

triangle

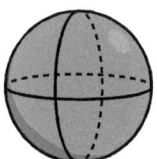

esfera

sphere

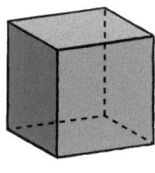

cubo

cube

blanco

white

amarillo

yellow

naranja

orange

rosa

pink

rojo

red

morado

purple

azul

blue

verde

green

marrón

brown

gris

gray

negro

black

mucho / poco

a lot / a little

enojado / tranquilo

angry / calm

bonito / feo

beautiful / ugly

principio / fin

beginning / end

grande / pequeño

big / small

claro / oscuro

bright / dark

hermano / hermana

brother / sister

limpio / sucio

clean / dirty

completo / incompleto

complete / incomplete

día / noche

day / night

muerto / vivo

dead / alive

ancho / angosto

wide / narrow

comestible / no comestible

edible / inedible

malo / amable

evil / kind

entusiasmado / aburrido

excited / bored

gordo / delgado

fat / thin

primero / último

first / last

amigo / enemigo

friend / enemy

lleno / vacío

full / empty

duro / blando

hard / soft

pesado / ligero

heavy / light

hambre / sed

hunger / thirst

enfermo / sano

ill / healthy

ilegal / legal

illegal / legal

inteligente / tonto

intelligent / stupid

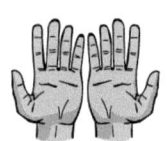

izquierda / derecha

left / right

cerca / lejos

near / far

nuevo / usado

new / used

nada / algo

nothing / something

viejo / joven

old / young

encendido / apagado

on / off

abierto / cerrado

open / closed

silencioso / ruidoso

quiet / loud

rico / pobre

rich / poor

correcto / incorrecto

right / wrong

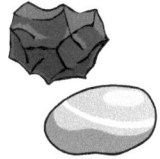

áspero / suave

rough / smooth

triste / contento

sad / happy

corto / largo

short / long

lento / rápido

slow / fast

húmedo / seco

wet / dry

caliente / frío

warm / cool

guerra / paz

war / peace

0

cero

zero

1

uno

one

2

dos

two

3

tres

three

4

cuatro

four

5

cinco

five

6

seis

six

7

siete

seven

8

ocho

eight

9

nueve

nine

10

diez

ten

11

once

eleven

12

doce

twelve

13

trece

thirteen

14

catorce

fourteen

15

quince

fifteen

16

dieciséis

sixteen

17

diecisiete

seventeen

18

dieciocho

eighteen

19

diecinueve

nineteen

20

veinte

twenty

100

cien

hundred

1.000

mil

thousand

1.000.000

millón

million

idiomas

languages

inglés

English

inglés americano

American English

chino mandarín

Chinese Mandarin

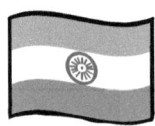

hindi

Hindi

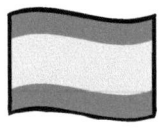

español

Spanish

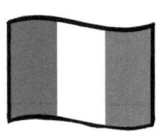

francés

French

árabe

Arabic

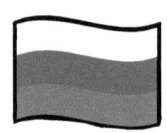

ruso

Russian

portugués

Portuguese

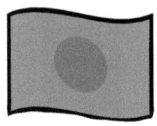

bengalí

Bengali

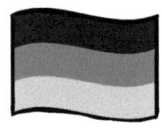

alemán

German

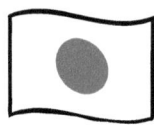

japonés

Japanese

idiomas - languages

yo

I

tú

you

él / ella

he / she / it

nosotros

we

vosotros

you

ellos

they

¿quién?

who?

¿qué?

what?

¿cómo?

how?

¿dónde?

where?

¿cuándo?

when?

nombre

name

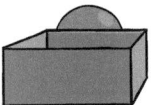

detрás

behind

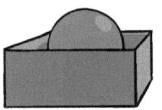

en

in

delante de

in front of

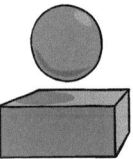

por encima de

over

sobre

on

debajo de

under

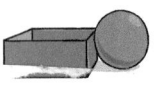

junto a

beside

entre

between

lugar

place